WILLIAM SANCHES

O UNIVERSO SÓ DIZ SIM

50 afirmações positivas + 50 perguntas geradoras de ação para prosperidade!

CITADEL
Grupo Editorial

2024

O Universo só diz sim

1ª edição: Setembro 2024

Autor:
William Sanches

Revisão:
Equipe Citadel
Debora Capella

Projeto gráfico e capa:
Claudio Szeibel
designed by freepik.com

DADOS INTERNACIONAIS DE CATALOGAÇÃO NA PUBLICAÇÃO (CIP)

Sanches, William
O universo só diz sim : 50 afirmações positivas + 50 perguntas geradoras de ação para prosperidade! / William Sanches.
— Porto Alegre : Citadel, 2024.
96 p. : il., color.

ISBN 978-65-5047-513-0

1. Autoajuda 2. Desenvolvimento pessoal 3. Sucesso I. Título

24-3879 CDD 158.1

Angélica Ilacqua - Bibliotecária - CRB-8/7057

Produção editorial e distribuição:

CITADEL Grupo Editorial
contato@citadel.com.br
www.citadel.com.br

Introdução

Imagine por um momento que o Universo é um espelho gigantesco, daqueles que pegam o corpo todo, de cima a baixo, refletindo de volta para nós tudo aquilo que emitimos.

Se você disser "sou pobre", esse espelho vai responder SIM!

Se você disser "não sou uma pessoa merecedora", esse espelho vai responder SIM!

Da mesma forma se você disser "tenho sorte, tudo dá certo para mim!". O espelho responde SIM!

Esse espelho é o Universo dizendo SIM para você o tempo todo. Se semearmos negatividade e escassez, colheremos mais do mesmo. No entanto, se cultivarmos pensamentos de gratidão, abundância e amor, o Universo nos responderá com um sonoro SIM.

O Universo só diz sim é um guia prático e inspirador para aqueles que desejam desbloquear o poder ilimitado de suas mentes e manifestar uma vida repleta de alegria, prosperidade, felicidade e realização.

Ao continuar a leitura, você encontrará três coisas importantes:

1 – Afirmações positivas: elas foram cuidadosamente selecionadas, projetadas para ajudá-lo a reprogramar sua mente e redefinir sua narrativa interna, substituindo pensamentos negativos e autocríticos por pensamentos construtivos e encorajadores. Ao repetir afirmações positivas, você treina sua mente PARA O MELHOR, para se concentrar em aspectos positivos da vida, aumentando assim sua gestão emocional.

2 – Perguntas para te ajudar na tomada de ação: as afirmações positivas podem servir como uma ferramenta poderosa para manifestar seus objetivos e sonhos, porém é muito importante que você tenha sempre uma tomada de decisão.

Ao visualizar e afirmar regularmente suas metas desejadas, você envia uma mensagem clara ao Universo sobre o que deseja atrair para sua vida, aumentando assim as chances de alcançá-las.

Ficar sentado esperando que o Universo faça algo por você não vai resolver nada. É preciso decisão, é preciso ação. Por isso essa segunda etapa te coloca para o movimento de que a VIDA precisa de VOCÊ. Os pensamentos positivos são um ótimo começo, mas sem ação eles permanecem apenas como pensamentos. E EU SEI QUE NÃO É ISSO QUE VOCÊ QUER AGORA! Agir transforma esses pensamentos em realidade concreta. Por exemplo, se você tem pensamentos positivos sobre alcançar um objetivo, tomar medidas concretas é o próximo passo para tornar esse objetivo uma realidade.

3 – Espaço para anotar o que vier: esse espaço vazio é, na verdade, o TUDO. Pense comigo: nele cabe tudo. Cabem seus sonhos, suas ideias, suas criações, seus bloqueios, suas descobertas, os sentimentos que vierem, o que precisa deixar aqui e os próximos passos para construir uma vida mais positiva... Então não o ignore. A gente tem uma tendência a não dar bola ao "vazio", mas a partir de hoje lembre-se de que o vazio, na verdade, é tudo. A pergunta, logo depois da afirmação positiva, vai te ajudar, ela é uma chave, mas quem gira a maçaneta é você. Não tenha medo nem se julgue tanto.

Escrever ajuda a esclarecer seus pensamentos e a focar suas intenções. Quando você coloca seus pensamentos no papel, eles se tornam mais tangíveis e organizados, facilitando a compreensão do que você deseja alcançar e quais passos precisa tomar para chegar lá.

Prepare-se para abrir as portas da sua mente para um universo de possibilidades. E, claro, você pode voltar quantas vezes quiser à mesma pergunta! E responder coisas diferentes. Cada dia é um novo aprendizado.

Uma ideia é você ter um caderno ao lado para anotar suas respostas sem limite de linhas! Afinal, nada pode nos limitar.

O Universo só diz SIM. E você, está pronto para dizer "sim" à vida dos seus sonhos?

Abra a página que quiser e escolha por onde começar!

William Sanches

HOJE terei um ótimo DIA!

Faço boas escolhas e me coloco no melhor, sempre!

1. Qual é a coisa que, se você fizer em sua vida, vai deixar todas as outras mais fáceis?

NÃO aceito nada que Não seja BOM!

O melhor combina comigo, o mais bonito combina comigo! O Universo e eu somos sócios em abundância!

2. O que é mais importante para você neste momento?

Hoje viverei todas as EXPERIÊNCIAS COM FELICIDADE & gratidão

3. Quais atitudes te ajudam a garantir a felicidade e a gratidão no dia de hoje?

EU MEREÇO
tudo de bom
que o dia
DE HOJE
tem PARA ME
oferecer!

4. O que te faz pensar que merece menos? Alguém já te disse que você não merecia o melhor?

TENHO orgulho DE QUEM eu sou HOJE

5. Em algum momento de sua vida você já deixou de se orgulhar? Se sim, como se sentiu? O que você pode fazer hoje para sempre se orgulhar de si?

Eu amo
MEU CORPO
COMO ELE É
HOJE

Sou uma pessoa
programada para vencer!

6. Hoje você já tomou água suficiente para se manter saudável?

HOJE
SENTIREI A
felicidade de
VIVER EM
POSITIVIDADE

7. Você conhece alguém muito negativo de quem precisa se afastar um pouco?

Eu mereço ser feliz

8. Você está sendo influenciado por preconceitos ou pressões externas ao avaliar suas opções?

Hoje serei grato por tudo que a vida me proporciona

9. Liste três coisas que te deixam feliz e grato, as primeiras que vierem a sua mente. Lembre-se de colocar a data de hoje.

Eu escolho

ser feliz hoje

E TODOS OS OUTROS DIAS

10. Como essa decisão se encaixa em seus valores e princípios fundamentais?

Hoje é
UM NOVO DIA
para alcançar
novas
CONQUISTAS E IDEAIS

11. Está disposto a aceitar os compromissos e sacrifícios necessários para seguir determinada opção?

Eu consigo
realizar
tudo o que
planejei
durante
o dia

12. Qual é o objetivo final que você está tentando alcançar com essa decisão?

Tenho o

conhecimento PARA

tomar decisões inteligentes

para mim hoje.

13. Qual das suas opções hoje está mais alinhada com seus valores e objetivos e é capaz de gerar a prosperidade que você deseja alcançar?

Eu quero,
eu posso e
eu consigo
fazer o meu dia
ser maravilhoso

14. O que você vai fazer a partir de agora, diferente de tudo o que já fez, para garantir isso?

Eu faço as escolhas certas o dia todo usando a minha sabedoria interior

15. Qual é a coisa mais urgente ou importante para abordar hoje?

Eu nasci PARA ser feliz

16. O que é mais essencial para você neste momento?

HOJE EU
esbanjo amor
» e alegria «
AONDE QUER
que eu vá

17. Como implementar sua decisão de forma eficaz?

Hoje eu escolho

A LEVEZA DA VIDA

18. Para ser verdadeiramente leve, o que você pode deixar de carregar?

Determino

que hoje meu dia

SEJA ABENÇOADO

e esteja em harmonia

com coisas boas

19. De quais recursos ou apoios adicionais você precisa para garantir o sucesso da sua decisão?

Escolho hoje PENSAMENTOS mais positivos

Eles refletirão minhas ações do dia...
Deixo de reclamar e agradeço mais!

20. O que exatamente você está tentando alcançar com essa decisão?

DEIXO DE ME CULPAR por tudo aquilo que passou

TAMBÉM NÃO carrego mais as tristezas do passado

21. O que seu instinto ou sua intuição te diz sobre essa decisão?

A partir de HOJE SOU OS meus melhores *sentimentos!*

22. Liste três dos seus melhores sentimentos hoje.

HOJE

mereço o melhor!

COMEÇO

colocando minha

MELHOR ROUPA.

23. Há quanto tempo você não se cuida de verdade?

Sou uma pessoa preparada PARA O NOVO

24. Você aceita bem mudanças? Como é para você receber algo novo em sua vida?

EU
ME AMO
e está tudo
BEM

25. Você está seguindo o que merece ou está deixando o medo ou a ansiedade influenciar sua decisão?

TODA A DOR do passado ME SERVIU DE aprendizado.

Agradeço tudo o que vivi, mas libero espaço para coisas novas chegarem.

26. Qual escolha você precisa fazer hoje que irá te proporcionar maior paz interior e sensação de leveza, impulsionando seu bem-estar e prosperidade?

EU ME CONECTO
diariamente
COM GRATIDÃO
e energia positiva

Tudo o que faço floresce e prospera abundantemente!

27. Você está honrando seus sentimentos e suas emoções ao considerar suas opções?

PARO HOJE de querer CONTROLAR TUDO!

Não sou controle remoto, nem as pessoas são obrigadas a me servir.

28. Quem você conhece que age assim? Quais atitudes dessa pessoa mais te incomodam? Acha que existe algo assim ainda em você?

MINHA ALMA É ÚNICA.
Meus desejos
e propósitos
MERECEM MINHA PERMISSÃO
para deixá-los fluir
E EDIFICAR UM
FUTURO
LINDO

29. Qual decisão te permite viver de acordo com seus valores e crenças mais profundos?

A LEI CRIATIVA da Prosperidade VIVE EM MIM

30. Qual é a opção que melhor se alinha com seus valores e objetivos?

NÃO DEIXO *mais nada* POR VERGONHA dos outros

Hoje faço as coisas por mim, esqueço a opinião dos outros, somente eu sei quais sentimentos tenho aqui dentro.

31. Qual escolha hoje te traz uma sensação de paz interior ou alívio?

Não me IMPORTO com a opinião dos outros

Eu conheço meus passos e sei que eles são fortes e promissores!

32. Você está conectado com seu propósito ou com o que considera significativo para sua vida?

Eu estou bem e todas as células do meu corpo vibram na saúde

Estou em harmonia com meu corpo e minha alma!

33. O que você está evitando enfrentar ou fazer por se sentir desconfortável?

Meu dia
será produtivo
e feliz

Olho a minha volta e agradeço tudo de bom que tenho porque mais coisas boas estão vindo para mim!

34. Como sua atitude em relação aos desafios influencia sua capacidade de superá-los?

Confio em Mim

Sei que sou extremamente capaz de construir e realizar coisas boas e positivas para mim e aqueles que amo.

35. Qual é a decisão mais alinhada com seus valores e objetivos de longo prazo? Já pensou que sua vida futura começa a ser construída agora?

36. Seus resultados começarão a acontecer quando você se movimentar na direção deles. Que mudanças de estilo de vida você pode fazer para criar um ambiente mais propício ao pensamento positivo e ao crescimento pessoal?

NINGUÉM
É CULPADO
pelo que estou sentindo
HOJE!
O OUTRO
não existe para me
AGRADAR.

Tenho clareza disso e sei que o melhor está por vir desde que eu me alinhe com o bem!

37. Como você pode usar a visualização criativa para manifestar as coisas que deseja em sua vida?

ESTOU na minha melhor vibração

Filtro as palavras que uso. Da minha boca só saem luz e incentivos. Uso a sabedoria que conquistei até aqui!

38. Se na porta de sua casa instalarem um outdoor e lá fossem projetadas todas as palavras que saem da sua boca, hoje, quais seriam as três palavras mais positivas que as pessoas iriam ler nesse telão?

ME ARRUMO, me cuido, me visto com amor e alegria

A mensagem que mando ao Universo é que mereço o melhor, e ele me responde SIM!

39. Quais são suas crenças limitantes já claramente observadas por você? Elas estão atrapalhando seu próximo passo? O que é possível fazer para minimizar essa situação?

Sou blindado contra a energia da inveja.

Sou criativo, sou próspero e sou vitorioso! Sentimentos ruins das pessoas não são capazes de roubar minha energia!

40. Como você pode cultivar a fé e a confiança para manifestar seus desejos e objetivos?

Estou
determinado
A ATRAIR RIQUEZA
de infinitas
FONTES
QUE JORRAM EM
abundância
NA MINHA DIREÇÃO!

41. Pense um pouco e responda: qual é o sonho que você sempre quis alcançar, mas ainda não tentou por medo ou insegurança?

Cuido da minha vibração e de cada pensamento.

Assim como escolho alimentos saudáveis, escolho também pensamentos saudáveis para nutrir minha mente.

42. Atualmente seus pensamentos te nutrem ou te intoxicam?

Escolho HOJE NÃO Reclamar

Paro de reclamar das coisas que tenho de pagar. Elas são bênçãos a pagar! Agradeço porque a cada vez que cumpro com minha obrigação o dinheiro se multiplica para mim!

43. Quais são as preocupações que estão impedindo você de assumir novos desafios e como você pode enfrentá-los hoje com pequenas ações?

Deixo de querer ser uma pessoa perfeita para agradar a todos.

Agrado a mim mesmo sem me preocupar. Me sinto completo e posso agora espalhar alegria a minha volta.

44. Existe ainda alguém que você sinta necessidade de agradar? O que você pode fazer para se libertar dessa pressão?

Tenho DISCIPLINA financeira

O dinheiro é um fluxo que vem de forma abençoada para minha vida.

45. Que passos você pode dar para se tornar mais assertivo e defender seus interesses e suas necessidades nesse dia?

HOJE ME PERMITO

SONHAR

me permito *planejar!*

Tudo aquilo que coloco no papel agora já tem poder dentro de mim! O Universo me autoriza a viver esse sonho!

46. Descreva com firmeza e certeza seus desejos aqui e agora!

Tenho RELACIONAMENTOS mais Saudáveis

porque agora penso com mais clareza; a partir de hoje, somente pessoas nessa mesma frequência atravessarão meus caminhos.

47. O que você mais valoriza em um relacionamento e como isso se alinha com suas experiências atuais?

O QUE EU SONHO *está perto de se* REALIZAR!

Estou preparado e sou uma pessoa grata por todas as realizações que viverei a partir de agora!

48. O que você faria se não tivesse medo de falhar?

O ESPELHO é feito para me amar.

Por isso, cada curva do meu corpo se torna especial para mim!

49. Como posso praticar o autocuidado e a autocompaixão em minha vida diária?

O dinheiro vem a mim com facilidade, alegria e GLÓRIA!

Existe muito dinheiro sendo fabricado para mim neste momento.

50. Quais são os recursos e apoios que você pode buscar para ajudá-lo a alcançar seus sonhos?

WILLIAM SANCHES

Me siga nas redes sociais

www.williamsanches.com

williamsanchesvideos
Canal Lei da Atração Sem segredos

@williamsanchesoficial

/williamsanchesoficial